NOTICE

SUR LES SOLENNITÉS

CÉLÉBRÉES A STRASBOURG,

POUR LE DÉPARTEMENT DU BAS-RHIN,

LE JOUR DU COURONNEMENT

DE NAPOLÉON PREMIER,

EMPEREUR DES FRANÇAIS.

NOTICE

Sur les Solennités célébrées pour le département du Bas-Rhin et dans la ville de Strasbourg, le dimanche 11 Frimaire an XIII, jour du couronnement de NAPOLÉON Ier, Empereur des Français ; et sur les monumens ou grands édifices dont l'inauguration a eu lieu le même jour. [1]

La ville de Strasbourg, se rappelant la fête séculaire autrefois célébrée en mémoire de sa réunion à la France, a pensé ne devoir pas moins se signaler en un jour aussi remarquable dans les fastes de cet Empire que celui du couronnement de NAPOLÉON Ier, Empereur des Français.

Pour répondre au vœu des habitans de tout le département, M. le Conseiller d'État Préfet SHÉE a fait coïncider en ce jour solennel la date de plusieurs établissemens grands et utiles. Il a en même temps voulu, par une activité que sa santé ne lui permettait que sur les lieux, faire diversion au chagrin qu'il ressent de n'avoir pu se rendre dans la capitale.

PONT DU RHIN.

En conséquence, le dimanche 11 Frimaire, à 9 heures du matin, ce Magistrat, accompagné, dans les voitures disposées à cet effet et dans l'ordre de marche prescrit par le décret impérial, par MM. *le Général de brigade* N.^{as} FRIRION, *commandant*

---

[1] Des habitans de Strasbourg qui n'ont pu suivre assez célèrement la marche du cortége, et quelques personnes même qui l'accompagnaient, ayant témoigné le désir de posséder quelques notes sur chacun des grands établissemens dont l'inauguration date de cette fête auguste, j'ai reçu l'autorisation de donner communication des pièces qui sont confiées à ma garde en qualité de chef du bureau des travaux publics de la Préfecture du département du Bas-Rhin : je prie le public d'agréer ce témoignage de mon empressement, et d'attribuer en partie à la précipitation les défauts de la rédaction.

(*Note de M. BOYER.*)

une subdivision du Bas-Rhin ; LA RIBOISSIÈRE, *Inspecteur général d'artillerie ; le Juge suppléant le Président de la Cour criminelle ; le Vicaire général, en l'absence de M. l'Évêque ; le Suppléant du Maire de Strasbourg, le Général Commandant d'armes de cette ville, l'Inspecteur aux revues, les Adjudans commandans, Colonels Directeurs de l'artillerie et du génie, et les autres Officiers appartenant à l'État-major de la division ; le Conseil de préfecture, les Officiers municipaux, les Chefs des différens services civils et militaires, les Ingénieurs des ponts et chaussées du département y compris ;* et escorté par un détachement de trois cents hommes de troupes à cheval, s'est rendu sur les bords du Rhin, vis-à-vis le bourg badois de Kehl, à l'emplacement déterminé pour la culée gauche d'un pont à construire à neuf sur le grand cours de ce fleuve : et là M. le Conseiller d'État Préfet, concurremment avec les Officiers généraux et municipaux précités, ayant reçu les bras du levier de l'Ingénieur en chef des ponts et chaussées du département, a battu les derniers coups d'un mouton de neuf cents kilogrammes sur le dernier pilot de la face de la culée gauche à l'entrée de ce pont.

Le pont à construire sur le grand Rhin, entre Strasbourg et Kehl, d'après l'arrêté du Gouvernement du 27 Ventôse an XI, aura trente travées, en forme d'arches, de treize mètres environ d'ouverture chacune, en tout trois cent quatre-vingt-quinze mètres (1218 pieds) entre les deux culées. Ce sera le premier pont fixe que l'Empire Français possédera sur le cours de ce fleuve, les autres passages étant desservis par des ponts de bateaux ou des ponts-volans, que l'on est contraint de reployer et de garer pendant les grandes gelées et les débacles des glaces [1],

---

[1] Les projets et plans de ce pont, dressés par l'Ingénieur en chef du département du Bas-Rhin, M. KASTNER, ont été examinés et approuvés, le 8 Ventôse an XII, par le Conseiller d'État, M. CRÉTET, Directeur général des ponts et chaussées, canaux, etc., qui était venu lui-même, en l'an XI, reconnaître sur les lieux la position projetée. Cet

Les dimensions considérables de ce monument, et plus encore l'utilité dont il sera, non-seulement pour le département du Bas-Rhin et pour son chef-lieu, mais pour tout le commerce de la France avec l'Allemagne, a fait émettre aux habitans de Strasbourg le vœu, consigné par M. le Conseiller d'État Préfet dans le procès-verbal d'inauguration, de nommer ce grand pont, *Pont Impérial.*

Ce titre fera d'ailleurs connaître à la postérité, que, tandis que l'histoire cite un pont bâti sur le Rhin par Jules-César lui même, quarante-cinq ans avant l'ère Chrétienne, vers le pays des Sicambres, à quelques lieues au-dessous de Cologne, il appartenait au siècle et au règne de NAPOLÉON de voir exécuter une semblable entreprise, sans effort, et qu'il suffisait que l'utilité de ce monument pût fixer un moment l'attention de l'Empereur des Français, pour qu'il se réalisât.

ORANGERIE.

Après cette première opération, le cortége se rendit, le long de la belle et nouvelle digue du bras du Rhin dit Mabile, à la promenade dite Ruprechtsau, plantée sur un dessin régulier, mais vaste, de le Nôtre, et embellie par nombre de campagnes riantes des habitans les plus aisés de Strasbourg.

Là, M. le Conseiller d'État SHÉE et les Généraux frappèrent solennellement les derniers coups de marteau sur la charpente des serres d'une orangerie destinée à contenir cent quatre-vingts beaux orangers provenant des parcs de Bouxwiller, et donnés par le Gouvernement à la ville de Strasbourg.

Le bâtiment de l'Orangerie [1] a soixante-quinze mètres de long, et se trouve placé au centre de sept grands triangles, nappés de

---

ouvrage, commencé à la fin de l'an XII, peut, d'après les dispositions faites, être terminé en l'an XIV, ou plus tôt si le Gouvernement l'ordonne.

1. Exécuté sur les projets et plans de M. BOUDHORS, Ingénieur des ponts et chaussées, et Architecte de la ville de Strasbourg.

gazon, dans lesquels les orangers seront exposés. Ce bâtiment est terminé à chaque extrémité par un pavillon saillant avec colonnes ; un grand pavillon, orné de six colonnes et surmonté d'un attique, fait pyramider l'édifice au centre.

Cette construction, commencée en l'an XII, sera terminée dans l'été de l'an XIII, sur un fonds spécial que le Conseil général de la commune de Strasbourg a voté unanimement dans sa séance du 25 Brumaire dernier.

Le cortége et les spectateurs ayant émis le vœu de voir honorer cet établissement du nom d'*Orangerie Joséphine*, ou *de l'Impératrice*, afin de consacrer à la fois le bienfait du Gouvernement et la reconnaissance de la ville, M. le Conseiller d'Etat Préfet consigna ce vœu dans le procès-verbal d'inauguration.

CANAL DE L'ILE DU RHIN, DITE RAUKOPF.

De l'Orangerie, les Chefs supérieurs, civils et militaires, se rendirent, en voitures et dans l'ordre précité, sur les bords du grand Rhin, au canton dit *Glasserwærth*, par lequel ce fleuve menaçait, il y a quelques mois encore, de pénétrer jusques dans la rivière d'Ill. Le cortége mit pied à terre sur le grand éperon de rive, lancé dans une profondeur de vingt-sept mètres d'eau du Rhin, auxquels cet ouvrage résiste. Là, M. le Conseiller d'État Préfet se fit indiquer successivement, en présence du cortége, les divers ouvrages qui s'exécutent vers ce point sur une partie de l'impôt des digues levé extraordinairement sur le département, et qui consistent en plusieurs canaux artificiels, ouverts au travers d'une grande île, afin d'y lancer, à l'aide d'un fort éperon, une partie du *Thalweg* du Rhin, et de soulager également les rives françaises et allemandes, qui, par l'incidence d'une part et de l'autre par la réflexion du principal volume de ce fleuve, sont toutes deux menacées. Tandis que le cortége faisait halte, un bateau mâté, chargé de musiciens, vint, en naviguant sur le grand Rhin, se diriger vers le nouveau canal, y entra

par l'amont , en présence de l'assemblée., et déboucha à l'autre
extrémité, au moment où le cortége signait le procès-verbal.

Et vu que les ouvrages étendus déjà exécutés, en sauvant à la
fois la riche banlieue française de la Ruprechtsau et le village
badois d'Auenheim, contre les ravages d'un élément destructeur
lorsqu'il est abandonné à lui-même , mais prospère lorsqu'il est
sagement digué par les efforts de l'homme ; que ces ouvrages ,
disons-nous , présentent par là une sorte d'analogie avec l'heu-
reux événement célébré en ce jour, et qui, à la suite de longues
tourmentes , rend le calme et une solide prospérité au plus bel
empire, tandis qu'il ne rassure pas moins les autres états contre
les désordres qui les menaçaient en commun; l'on proposa de
nommer le système de ces épis, *Épis de la Couronne*. [1]

Les travaux relatifs à la coupure du *Raukopf*, ainsi qu'au
grand éperon qui doit achever de lancer les eaux du Rhin dans
ce nouveau canal, seront entièrement terminés dans le cours de
l'an XIII.

Salle de spectacle.

Aussitôt après cette reconnaissance , les Autorités supérieures
précitées montèrent derechef dans les voitures , et se rendirent ,
en passant par la grande allée de le Nôtre et devant l'Orangerie
de l'*Impératrice Joséphine*, aux chantiers de la salle de spectacle,
qui se construit dans l'un des quartiers les plus rians de la ville
et dans le voisinage des beaux hôtels.

Là, le Conseiller d'État Préfet, les Officiers-généraux du dé-

---

1. Les projets et plans du canal ou grande coupure au travers de l'île allemande dite
Raukopf, conçus concurremment par l'Ingénieur en chef du département et par M.
Conrath père, ingénieur des ponts et chaussées à la résidence de Strasbourg, ont été
approuvés par le Conseiller d'État Directeur général, M. Crétet, le 27 Fructidor an XII ,
en suite de la convention passée, le 12 Ventôse an XI , entre MM. les grands Baillis
et Ingénieurs de Son Altesse sérénissime l'Électeur de Baden, commissionnés à cet effet,
et le Conseiller d'État Préfet, l'Inspecteur général et l'Ingénieur en chef des ponts et
chaussées du département du Bas-Rhin.

partement, de l'Artillerie et de la place, l'Adjoint municipal remplaçant le Maire, et le reste du cortége, mirent pied à terre, descendirent dans les fondations de la façade du nord, où M. Shée déposa une boîte renfermant de nouvelles monnaies d'or et autres, impériales; plus une tablette de cuivre, sur laquelle étaient gravés, en caractères profonds, la date du couronnement de NAPOLÉON I.er, faisant celle de l'inauguration de l'édifice, les noms de son Excellence le Ministre de l'intérieur, M. Champagny, de M. le Conseiller d'État Directeur général des ponts et chaussées, les noms et rangs des Autorités supérieures, civiles et militaires du département et de la ville, des Chefs sous lesquels sont dirigées les constructions, tant hydrauliques qu'autres, qui se lient à cet édifice, et le nom de l'Ingénieur auteur des projets.

La pierre cubique destinée à couvrir par encastrement la boîte de l'inauguration fut approchée par le Général commandant le département, armé à cet effet d'un levier, et le tout fut à l'instant même fortement cimenté et plombé.

La grande salle de spectacle, qui se construit sur pilotis et grillage de chêne, avec tous les soins qu'exigent les fondations voisines d'eaux vives, a cinquante-six mètres et demi de longueur sur vingt-sept et demi de largeur dans œuvre; de belles colonnades ioniques antiques orneront ses façades. L'emplacement de cette salle a été fixé par le Ministre de l'intérieur, le 27 Fructidor an XI, sur les rapports de l'Ingénieur en chef, du Préfet du département, et du Conseiller d'État Directeur général des ponts et chaussées, lequel avait lui-même examiné les diverses localités au mois de Brumaire de l'an XI. [1]

D'après les fonds votés et les ressources désignées par le Conseil général de la commune de Strasbourg, en sa séance du

---

1. Par suite d'un concours ouvert par le Ministre de l'intérieur, pour la rédaction des plans, les projets de M. Rouin fils, ingénieur des ponts et chaussées, furent préférés, et l'exécution ordonnée par son Excellence le Ministre de l'intérieur, le 3 Prairial an 12.

25 Brumaire dernier, les dépenses de ce bâtiment pourront être entièrement couvertes en l'an XIV, époque vers laquelle il pourra aussi être mis à la jouissance de la ville.

L'étendue de cet édifice, ses formes et l'heureuse rencontre de son inauguration, ont fait manifester aux habitans de Strasbourg le vœu de le voir désigner sous le nom de *Théâtre Napoléon*.

QUAI BOULEVARD.

Des chantiers de la salle de spectacle le cortége se rendit au dehors, près de l'Arsenal, où M. le Conseiller d'État Préfet fit battre, en présence de l'assemblée, les derniers coups de mouton sur un pilot indiquant la hauteur et la largeur du terre-plein d'un grand remblai dit *Quai Boulevard*, dont la formation est commencée vers ce point.

Un massif, revêtu des deux côtés en briques, interposé entre deux cours d'eaux vives, et que l'on nommait Faux-rempart, se développe depuis l'entrée de la rivière d'Ill dans Strasbourg jusqu'à sa sortie, contournant et formant une île, que l'on peut considérer comme l'ancienne cité, puisque la Cathédrale s'y trouve placée et que cette enceinte se liait d'ailleurs avec les vieux murs de la ville. La vétusté de ce massif, et les chocs qu'il a sans doute éprouvés à diverses époques, puisque l'histoire nous apprend que ses murs furent renversés vers l'an 455 par Attila, pour punir Strasbourg de sa résistance aux hordes étrangères du Nord, et puis encore par Othon I.er, parce que cette ville s'était déterminément déclarée pour le Monarque des Français ; ces causes, disons-nous, ont préparé pour le moment actuel la chute de ce massif, qui croule en effet de toute part. Ces ruines déparent la ville, rappellent des souvenirs fâcheux à ses fidèles habitans, obstruent de décombres les deux cours d'eau, les barrent, les gonflent, et causent, pendant l'hiver et les débacles de glaces, de graves inondations, tandis qu'en été elles occasionnent des mares stagnantes et morbifères.

Amputer totalement ce massif et l'enlever, est une opération que l'embellissement, l'honneur et l'assainissement de Strasbourg réclament également, en sorte que les travaux relatifs à cette opération doivent être rangés dans la classe des premiers besoins de cette ville.

M. le Conseiller d'État Préfet en a aussi fait l'objet de sa sollicitude, et l'Ingénieur en chef du département a fourni, le 20 Nivôse an XI, un rapport détaillé et un plan sur le mode le plus simple et le plus propre pour consommer cette grande entreprise. Ces pièces, examinées par le Ministre de l'intérieur le 27 Fructidor an XI, ont été retournées au Préfet, en sorte que les estimations partielles et l'exécution pourront être abordées aussitôt après l'édification parfaite de la salle de spectacle, dont les déblais et préparations combinés ont déjà fourni l'occasion d'élever une amorce de ce quai Boulevard.

Le grand effet et l'utilité singulière de cet établissement étendu, qui formera comme une sorte d'écharpe à travers la plus grande largeur de Strasbourg, qui présentera une plantation riante et une communication facile de la ville aux faubourgs, mettra un terme aux inondations de l'hiver et aux fièvres épidémiques de la saison chaude, augmentera la valeur et l'espace d'un très-grand nombre de maisons et de terrasses, et fournira des places d'entrepôt au commerce et au transit. La réunion de ces avantages pour chacune des classes de ses habitans, disons-nous, leur a fait désirer naturellement que cette belle levée fût nommée le *Boulevard Joseph*, ou *du Prince Impérial*, et M. le Conseiller d'État Préfet a promis d'en faire parvenir le vœu à sa Majesté l'Empereur et à son Altesse Impériale le Prince JOSEPH.

On se rendit ensuite à la Cathédrale, où fut chanté un *Te Deum* solennel; et tous les assistans implorèrent avec ferveur les bénédictions du ciel sur la France, sur son digne Monarque et son auguste famille.

Tel fut l'emploi d'une partie de la journée mémorable du onze, et c'est par ces soins qu'elle réunira à tous les grands souvenirs qu'elle fournit par elle-même à la postérité, celui particulier pour la ville de Strasbourg, d'avoir donné sa date à un grand nombre d'établissemens qui doivent faire de ce boulevard militaire de l'Empire français, une des plus belles, des plus agréables, des plus industrieuses et des plus reconnaissantes cités qui aient participé aux bienfaits de NAPOLÉON I.er

Un dîner de soixante-cinq couverts fut servi le même jour chez M. le Préfet : au lieu des plateaux de dessert, le pont du grand Rhin, le Théâtre et l'Orangerie, en reliefs, ornaient la table ; et des flammes qui les surmontaient portaient les noms respectifs de *Pont Impérial*, *Théâtre Napoléon*, *Orangerie de l'Impératrice Joséphine*.

Le soir, il y eut grand bal chez M. le Conseiller d'État Préfet, suivi d'un souper de cent couverts, qui reçurent autant de Dames servies par des groupes de cavaliers debout.

La Cathédrale et sa flèche, ainsi que les principaux édifices de la ville, furent illuminés d'une manière supérieure à tout ce qui s'est jamais pratiqué, tandis que des fusées étaient tirées par la troupe rangée sur les remparts, et qu'un superbe feu d'artifice, disposé par l'Inspecteur général de l'artillerie, M. de La Riboissière, se lançait dans les airs et appelait sur la joyeuse cité l'attention des habitans d'outre-Rhin, accourus en grand nombre sur les bords du fleuve [1].

---

[1] Ayant pensé que quelques extraits topographiques et plans pourraient suppléer à la brièveté du discours, je me suis adressé à M. Schuler, chef du bureau de l'Ingénieur en chef du département ; et dans deux fois vingt-quatre heures il a dessiné et gravé les quatre premières planches ci-jointes.

Strasbourg, de l'Imprimerie de F. G. Levrault, impr. de la Préfecture.

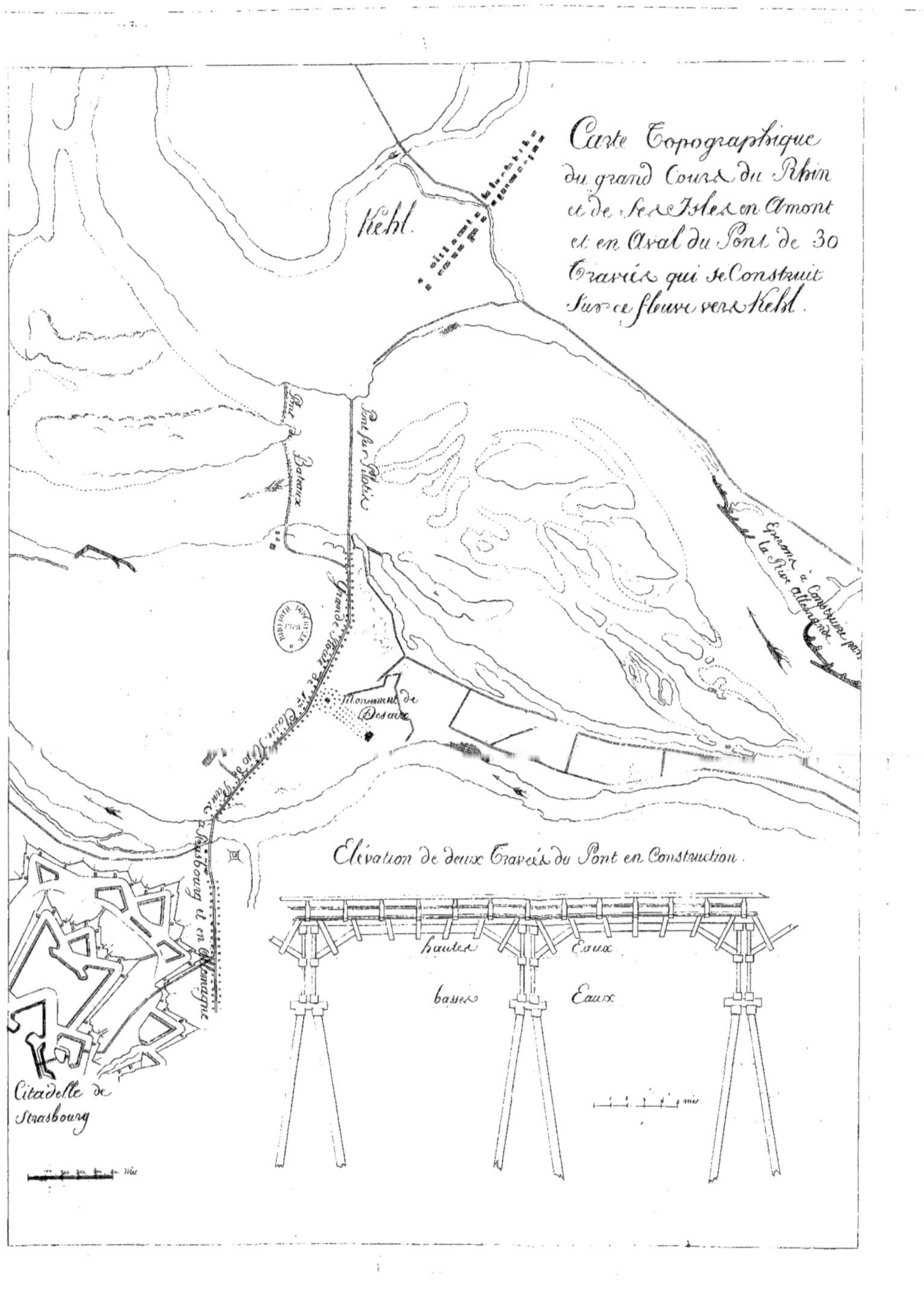

Kehl
Carte Topographique du grand Cours du Rhin et de ses Isles en Amont et en Aval du Pont de 30 Travées qui se Construit sur ce fleuve vers Kehl.
Pont à Bateaux
Pont sur Pilotis
Monument de Desaix
Citadelle de Strasbourg
Elévation de deux Travées du Pont en Construction.
hautes Eaux
basses Eaux

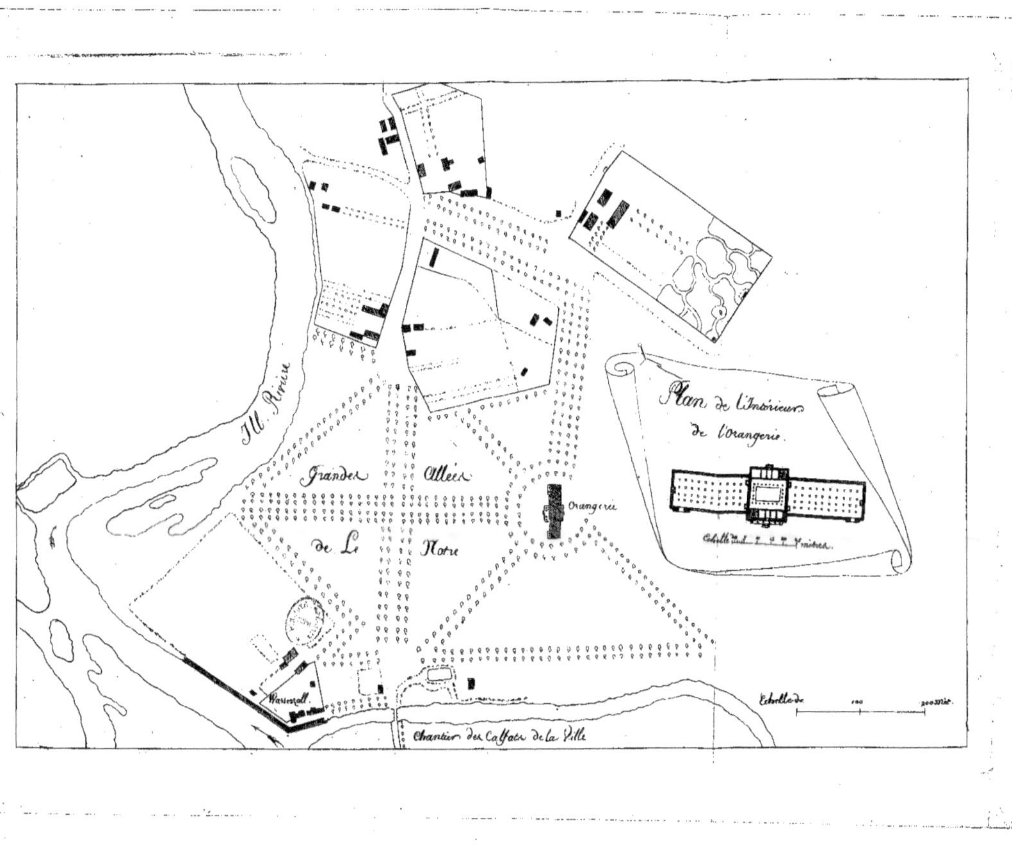
Ill. Rivière
Grandes Allées
de Le Notre
Orangerie
Plan de l'Intérieur
de l'Orangerie.
Echelle de ... Mètres.
Arsenal
Echelle de   100   200 Mètres.
Chantier des Calfats de la Ville

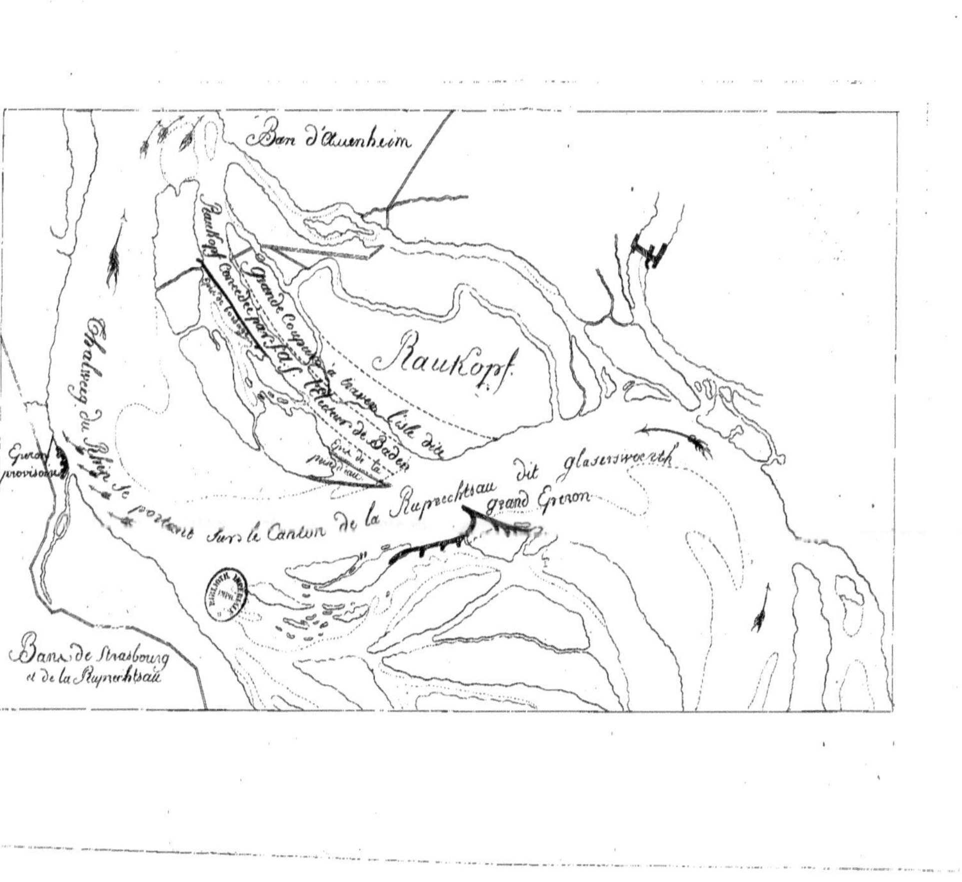

Ban d'Auenheim
Raukopf
Raukopf Concédé par l'As.
Grande Coupe à travers l'isle dite
l'Electeur de Baden
près de la
mise d'eau
Chatweg du Rhin se
porterie sur le Canton de la Ruprechtsau dit glaserswoerth
grand Eperon
Eperon provisoire
BIBLIOTH. IMPERIALE
Bans de Strasbourg
et de la Ruprechtsau

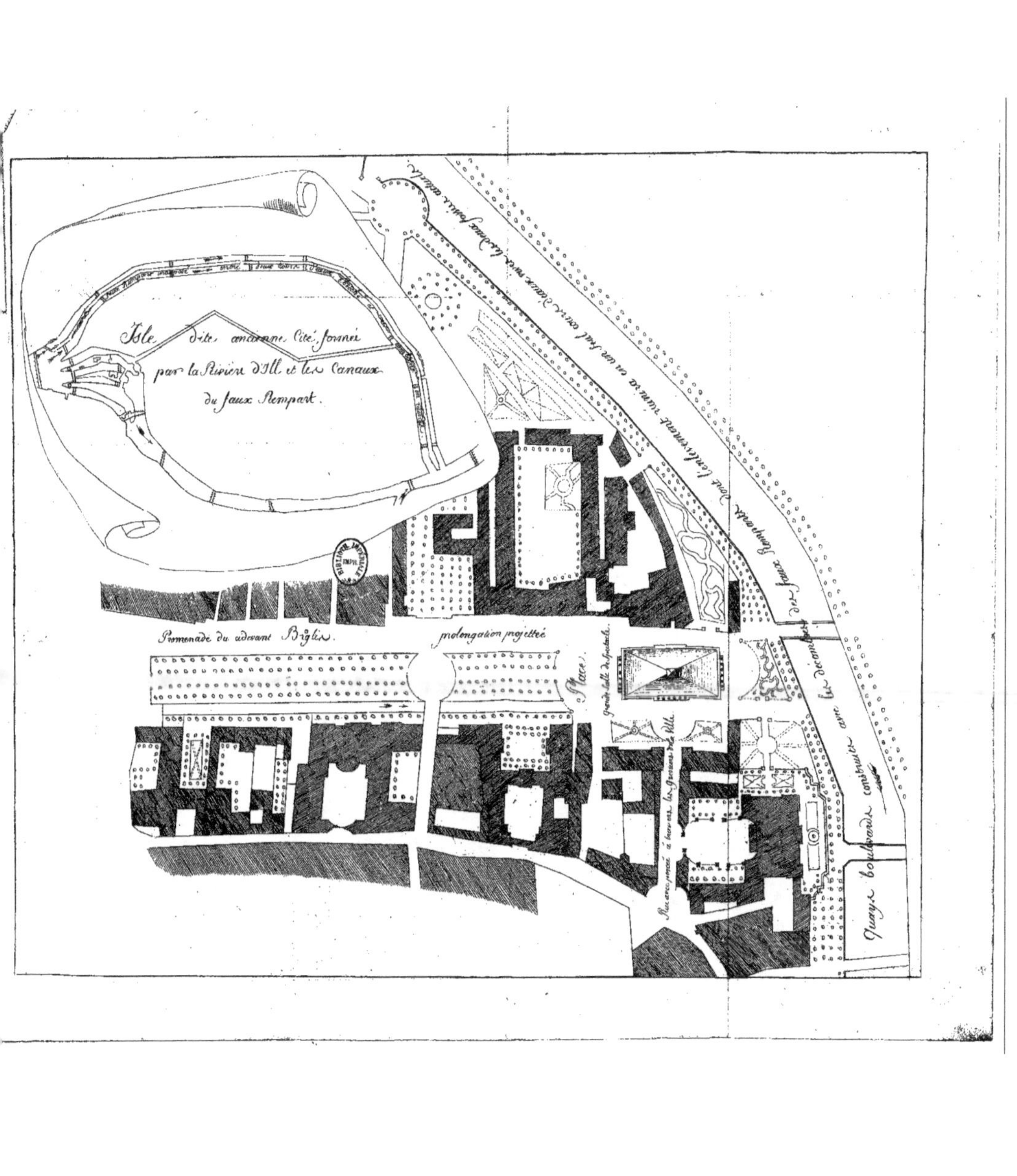

Isle dite ancienne Cité, formée
par la Rivière d'Ill et les Canaux
du faux Rempart.
Promenade du cidevant Biglin.
prolongation projettée
Place.
grande halle de fruits.
Rue avec pracas et travers les avenues de la Ville.
Quays, boulevards construits avec les décombres.
BIBLIOTHÈQUE IMPÉRIALE

Dessiné par C.W.
Vue Perspective de la Salle de Spectacle de Strasbourg
construite d'après les projets de Mr. Robin, Ingénieur.